Santa Bárbara

Elam de Almeida Pimentel

Santa Bárbara

Invocada contra raios e trovoadas

Novena e ladainha

Petrópolis

© 2011, Editora Vozes Ltda.
Rua Frei Luís, 100
25689-900 Petrópolis, RJ
www.vozes.com.br
Brasil

2ª edição, 2014.

1ª reimpressão, 2018.

Todos os direitos reservados. Nenhuma parte desta obra poderá ser reproduzida ou transmitida por qualquer forma e/ou quaisquer meios (eletrônico ou mecânico, incluindo fotocópia e gravação) ou arquivada em qualquer sistema ou banco de dados sem permissão escrita da editora.

CONSELHO EDITORIAL
Diretor
Gilberto Gonçalves Garcia

Editores
Aline dos Santos Carneiro
Edrian Josué Pasini
Marilac Loraine Oleniki
Welder Lancieri Marchini

Conselheiros
Francisco Morás
Ludovico Garmus
Teobaldo Heidemann
Volney J. Berkenbrock

Secretário executivo
João Batista Kreuch

Editoração: Fernando Sergio Olivetti da Rocha
Diagramação: AG.SR Desenv. Gráfico
Capa: Omar Santos

ISBN 978-85-326-4137-3

Editado conforme o novo acordo ortográfico.

Este livro foi composto e impresso pela Editora Vozes Ltda.

Sumário

1 Apresentação, 7
2 História sobre a vida de Santa Bárbara, 9
3 Novena de Santa Bárbara, 11
    1º dia, 11
    2º dia, 12
    3º dia, 14
    4º dia, 16
    5º dia, 17
    6º dia, 19
    7º dia, 20
    8º dia, 21
    9º dia, 22
4 Orações a Santa Bárbara, 25
5 Ladainha a Santa Bárbara, 29

1

APRESENTAÇÃO

A devoção a Santa Bárbara está espalhada pelo Oriente e pelo Ocidente. No Brasil, muitas paróquias, igrejas, capelas são dedicadas a ela.

Santa Bárbara foi um modelo de vida cristã, dando testemunho de sua fé em Jesus, mesmo em meio às torturas e sofrimentos.

É considerada a padroeira dos artilheiros, dos mineiros e de todos que trabalham com fogo. Por ter ficado prisioneira em uma torre, é também considerada a santa protetora dos encarcerados, pedreiros, arquitetos e sinaleiros. Santa Bárbara também é venerada pelos militares.

Este livrinho contém a vida de Santa Bárbara, sua novena, oração e ladainha e algumas passagens bíblicas, seguidas de uma oração para o pedido da graça especial, acompanhada de um Pai-nosso, uma Ave-Maria e um Glória-ao-Pai.

História sobre a vida de Santa Bárbara

Festejada em 4 de dezembro, é padroeira dos artilheiros, mineiros e bombeiros. Bárbara era uma jovem de origem oriental, pertencente a uma família de certa posição social. Por ser muito bela e atraente, seu pai a forçou a ficar presa em uma torre. Às escondidas dos pais, converteu-se ao cristianismo e foi batizada. Ao descobrir, o pai – homem ateu, severo, furioso – agrediu-a e denunciou a filha ao prefeito da província onde moravam. Foi açoitada até que seu corpo se tornou uma chaga só. Diz a tradição que um anjo curou-lhe as feridas. O prefeito se enfureceu quando Bárbara disse que tinha sido curada por obra de Cristo e ordenou que a levassem despida pelas ruas da cidade, mas sua nudez foi coberta por intervenção de um mensageiro divino. O prefeito, vendo a obstinação da jovem em professar sua fé cristã, pronunciou a sentença de morte. Bárbara foi levada ao alto de um morro e seu pai se prontificou a executar a sentença. E, assim, ela teve a cabeça decepada, enquanto, de joelhos, rezava. Logo após sua morte, desencadeou-se uma tempestade. O pai dela, descendo da montanha onde assassinara a própria filha, foi atingido por um raio e caiu morto.

Invocada para afastar tempestades, trovões, uma antiga crença afirma que, quando a tempestade está muito forte, basta queimar, em frente à imagem da santa, algumas folhas de palma benta no Domingo de Ramos que a tempestade desaparece.

Na iconografia cristã, Santa Bárbara é geralmente apresentada como uma virgem majestosa, com uma palma, significando o martírio, e um cálice como símbolo de sua proteção em favor dos moribundos e, ao lado, uma espada, instrumento de sua morte. Sua imagem é entronizada nos depósitos de pólvora para livrá-los de explosões. É venerada em 4 de dezembro.

Novena de Santa Bárbara

1º dia

Iniciemos com fé este primeiro dia de nossa novena, invocando a presença da Santíssima Trindade: em nome do Pai, do Filho e do Espírito Santo. Amém.

Leitura do Evangelho: Lc 17,5-6

> Os apóstolos disseram ao Senhor: "Aumenta-nos a fé". E o Senhor respondeu: "Se tivésseis uma fé do tamanho de um grão de mostarda, diríeis a esta amoreira: 'Arranca-te daqui e planta-te no mar', e ela vos obedeceria".

Reflexão

O evangelista nos mostra a "força da fé em Deus". É a fé que ilumina e impulsiona nossa vida, mesmo nos momentos mais difíceis. Santa Bárbara nunca perdeu a fé e confiança em Deus e, mesmo torturada, martirizada, rezou e pediu ajuda a Deus. Vamos refletir sobre o que fazer para conservar e aumentar nossa fé em Deus.

Oração

Santa Bárbara, orai por nós. Iluminai nossa vida e ajudai-nos a sentir a presença de Deus em todas as situações. De modo especial, suplico a graça... (pede-se a graça a ser alcançada).

Pai-nosso.

Ave-Maria.

Glória-ao-Pai.

Santa Bárbara, intercedei por nós.

2º dia

Iniciemos com fé este segundo dia de nossa novena, invocando a presença da Santíssima Trindade: em nome do Pai, do Filho e do Espírito Santo. Amém.

Leitura bíblica: Rm 12,9-14

Seja sincera vossa caridade. Detestai o mal e apegai-vos ao bem. Sede cordiais no amor fraterno entre vós. Rivalizai na mútua estima. Não relaxeis no zelo. Sede fervorosos de espírito. Servi ao Senhor. Sede alegres na esperança, pacientes no sofrimento e perseverantes na oração. Reparte os bens com os santos em necessidade. Esmerai-vos na prática da hospitalidade. Abençoai os que vos perseguem, abençoai-os e não amaldiçoeis.

Reflexão

Esta passagem bíblica refere-se ao Amor, fonte de Deus, fonte das pessoas aliadas a Deus. Por amor, tudo é desculpado, tudo é suportado. Santa Bárbara tinha muito amor a Deus e soube perdoar os que a perseguiram e maltrataram, perdoando até mesmo o pai, seu carrasco. Ela serviu a Deus e a seus semelhantes com muito amor. Esta é a verdadeira caridade.

Oração

Santa Bárbara, virgem generosa, peço vossa intercessão para o alcance da graça que a vós suplico... (pede-se a graça a ser alcançada).

Pai-nosso.

Ave-Maria.

Glória-ao-Pai.

Santa Bárbara, intercedei por nós.

3º dia

Iniciemos com fé este terceiro dia de nossa novena, invocando a presença da Santíssima Trindade: em nome do Pai, do Filho e do Espírito Santo. Amém.

Leitura do Evangelho: Jo 20,19-23

Na tarde do mesmo dia, que era o primeiro dia da semana, estando trancadas as portas do lugar onde estavam os discípulos, por medo dos judeus, Jesus chegou, pôs-se no meio deles e disse: "A paz esteja convosco". Dito isto, mostrou-lhes as mãos e o lado. Os discípulos se alegraram ao ver o Senhor. Jesus disse-lhes de novo: "A paz esteja convosco. Como o Pai me enviou, assim também eu vos envio". Após essas palavras, soprou sobre eles e disse: "Recebei o Espírito Santo. A quem perdoardes os pecados serão perdoados. A quem não perdoardes os pecados não serão perdoados".

Reflexão

A ressurreição de Cristo é fato central da fé cristã e não é fruto da imaginação dos apóstolos. Jesus liberta seus discípulos do medo, mostrando-lhes que sua morte foi por amor a nós, foi uma vitória do amor e que todos devem continuar a missão por Ele iniciada, sendo todos livres para aceitar ou recusar o amor de Deus trazido por Jesus.

Oração

Santa Bárbara, conservai a paz no meu coração. Que em todas as dificuldades da vida eu conserve a fé em Deus e não humilhe ninguém. Santa protetora, de modo especial peço-vos esta graça... (pede-se a graça desejada).

Pai-nosso.

Ave-Maria.

Glória-ao-Pai.

Santa Bárbara, intercedei por nós.

4º dia

Iniciemos com fé este quarto dia de nossa novena, invocando a presença da Santíssima Trindade: em nome do Pai, do Filho e do Espírito Santo. Amém.

Leitura bíblica: Sl 121,1-8

Levanto os olhos para os montes; donde me virá o socorro? O meu socorro vem do Senhor, que fez o céu e a terra. Ele não deixará que teus pés vacilem; não cochila aquele que te guarda. Não, não cochila nem dorme aquele que guarda Israel. O Senhor é o teu guarda: o Senhor é a tua sombra, Ele está à tua direita. O sol não te molestará de dia, nem a lua de noite. O Senhor te guardará de todo mal, Ele guardará tua vida. O Senhor guardará tuas idas e vindas, desde agora e sempre.

Reflexão

Deus sempre está em guarda, oferecendo proteção. Nada é impossível para Deus.

Pensemos em Santa Bárbara que nunca perdeu a fé e nem a confiança em Deus. Martirizada, torturada, ameaçada, degolada, ela não teve medo, continuou rezando e com uma fé inabalável em Deus.

Oração

Santa Bárbara, protegei-me dos perigos que ameaçam minha fé em Cristo. Livrai-me de todos os perigos: físicos, espirituais e morais. Dai-me forças nos momentos de fraqueza e alcançai-me a graça de que tanto necessito... (pede-se a graça).

Pai-nosso.
Ave-Maria.
Glória-ao-Pai.
Santa Bárbara, intercedei por nós.

5º dia

Iniciemos com fé este quinto dia de nossa novena, invocando a presença da Santíssima Trindade: em nome do Pai, do Filho e do Espírito Santo. Amém.

Leitura do Evangelho: Mt 5,10-12

Felizes os perseguidos por causa da justiça, porque deles é o Reino dos Céus. Felizes sereis quando vos insultarem e perseguirem e, por minha causa, disserem todo tipo de calúnia contra vós. Alegrai-vos e exultai, porque grande será a vossa recompensa nos céus...

Reflexão

Muitos cristãos deram a vida por Deus. Foram perseguidos, presos, torturados e mortos sem negar sua fé em Deus. Santa Bárbara foi uma das vítimas da perseguição das autoridades romanas e suportou toda a violência e martírio, sendo um exemplo de testemunho da fé cristã.

Oração

Santa Bárbara, protegei a mim e a meus familiares. Livrai-nos dos perigos que ameaçam a nossa fé e alcançai-me a graça que a vós suplico... (falar a graça que se deseja alcançar).

Pai-nosso.

Ave-Maria.

Glória-ao-Pai.
Santa Bárbara, intercedei por nós.

6º dia

Iniciemos com fé este sexto dia de nossa novena, invocando a presença da Santíssima Trindade: em nome do Pai, do Filho e do Espírito Santo. Amém.

Leitura bíblica: Rm 14,1
> Acolhei com bondade o fraco na fé, sem discutir-lhe as opiniões.

Reflexão

O Evangelista Paulo aborda um dos pontos básicos para a convivência cristã: a tolerância e o respeito ao próximo. Santa Bárbara pôs isso em prática, enchendo seu coração de amor a Deus e ao próximo, mesmo para com aqueles que a maltratavam e martirizavam.

Oração

Santa Bárbara, santa querida, socorrei-me neste momento de desespero alcançando-me a graça... (dizer a graça que se deseja alcançar) de que tanto necessito.

Pai-nosso.

Ave-Maria.

Glória-ao-Pai.

Santa Bárbara, intercedei por nós.

7º dia

Iniciemos com fé este sétimo dia de nossa novena, invocando a presença da Santíssima Trindade: em nome do Pai, do Filho e do Espírito Santo. Amém.

Leitura bíblica: 1Ts 4,13-14

Irmãos, não queremos que ignoreis coisa alguma a respeito dos mortos, para não vos entristecerdes como os outros que não têm esperança. Se cremos que Jesus morreu e ressuscitou, cremos também que Deus levará com Jesus os que nele morrerem.

Reflexão

O cristão não deve desesperar diante da morte, semelhante à Santa Bárbara. Ela foi forte, resistindo ao medo, ao desespero, com a fé e esperança de que o Senhor Deus estava com ela.

Oração
Santa Bárbara, exemplo de fé cristã, peço vossa intercessão para o alcance da graça... (falar a graça que se deseja alcançar).

Pai-nosso.

Ave-Maria.

Glória-ao-Pai.

Santa Bárbara, intercedei por nós.

8º dia

Iniciemos com fé este oitavo dia de nossa novena, invocando a presença da Santíssima Trindade: em nome do Pai, do Filho e do Espírito Santo. Amém.

Leitura do Evangelho: Mt 11,28

Vinde a mim vós todos, que estais cansados e sobrecarregados, e eu vos darei descanso [...].

Reflexão

Deus é a nossa força, nossa esperança. Ele nos auxilia para buscar nossos sonhos, sempre nos mostrando o caminho melhor para seguir. Para tal, basta ter fé e descobriremos que Deus está sempre junto a nós. Santa Bárbara foi uma pessoa de fé e, nas horas amargas, nas dificuldades, nas torturas, ela nunca perdeu a fé.

Oração

Santa Bárbara, ajudai-me a encontrar o caminho para Deus, sentindo a presença dele em todas as situações difíceis. Santa Bárbara, de modo especial, peço a graça... (pede-se a graça a ser alcançada) de que muito necessito.

Pai-nosso.

Ave-Maria.

Glória-ao-Pai.

Santa Bárbara, intercedei por nós.

9º dia

Iniciemos com fé este nono dia de nossa novena, invocando a presença da Santíssima Trindade: em nome do Pai, do Filho e do Espírito Santo. Amém.

Leitura bíblica: Sl 23,1-6

O Senhor é meu pastor: nada me falta. // Em verdes pastagens me faz repousar, / conduz-me até às fontes tranquilas // e reanima minha vida; / guia-me pelas sendas da justiça / para a honra de seu nome. // Ainda que eu ande por um vale de espessas trevas, / não temo mal algum, porque Tu estás comigo; / teu bastão e teu cajado me confortam. // Diante de mim preparas a mesa, / bem à vista de meus inimigos; / Tu me unges com óleo a cabeça, / minha taça transborda. // Bondade e amor certamente me acompanharão / todos os dias de minha vida, / e habitarei na casa do Senhor / por longos dias.

Reflexão

Este é um salmo de total confiança em Deus, de esperança, de amor. Somente a fé em Cristo é que nos insere no âmbito divino. Santa Bárbara teve este alcance e vamos sempre procurar seguir seu exemplo de fé.

Oração

Santa Bárbara, fortalecei-me para ser um bom cristão, ajudai-me a orar sempre e dai-me forças nos momentos de fraqueza. Intercede junto ao Pai no alcance da graça de que necessito... (pede-se a graça a ser alcançada).

Pai-nosso.

Ave-Maria.

Glória-ao-Pai.

Santa Bárbara, intercedei por nós.

4

ORAÇÕES A SANTA BÁRBARA

Oração 1: Contra os raios e tempestades

Santa Bárbara, que sois mais forte que as torres das fortalezas e a violência dos furacões, fazei com que os raios não me atinjam, os trovões não me assustem e o troar dos canhões não me abalem a coragem e a bravura. Ficai sempre ao meu lado para que eu possa enfrentar de fronte erguida e rosto sereno todas as tempestades e batalhas de minha vida, para que, vencedor de todas as lutas, com a consciência do dever cumprido, possa agradecer a vós, minha protetora, e render graças a Deus, criador do céu, da terra e da natureza: este Deus que tem o poder de dominar o furor das tempestades e abrandar a crueldade das guerras.

Santa Bárbara, rogai por nós.

Santa Bárbara, bendita,
Que nos céus estais escrita,
Com pena e água-benta
Livrai-nos desta tormenta.

Oração 2: Para se preservar da morte repentina ou imprevista

Gloriosa virgem e mártir Santa Bárbara, que pelo vosso ardente zelo da honra de Deus padecestes, em tenebroso cárcere, fome, sede e cruéis açoites; que, antes de serdes degolada por vosso próprio pai, milagrosamente, pudeste ainda ser confortada pelo Santo Viático no caminho para a eternidade; nós vos rogamos, ó santa virgem-mártir, nos alcanceis de Deus onipotente a mercê de nos indicar sempre o verdadeiro modo de praticar o bem, a fim de que, vivendo em seu santo temor e amor e sofrendo nesta vida com paciência as tribulações que nos acometerem, possamos um dia expirar santamente no ósculo de Deus, confortados pelo pão da vida, no caminho para a bem-aventurança eterna.

Obtende-nos, ó Santa Bárbara, não ter morte repentina e que nossa alma contrita entre na mansão divina. Assim seja.

Pai-nosso.

Ave-Maria.

Glória-ao-Pai.

5

LADAINHA A SANTA BÁRBARA

Senhor, tende piedade de nós,
Jesus Cristo, tende piedade de nós.
Senhor, tende piedade de nós.

Jesus Cristo, escutai-nos.
Jesus Cristo, atendei-nos.

Pai Celeste, que sois Deus, tende piedade
de nós.
Deus Filho, redentor do mundo, tende piedade de nós.
Deus Espírito Santo, tende piedade de nós.
Santíssima Trindade, que sois um só Deus,
tende piedade de nós.

Santa Maria, rainha dos mártires, rogai por
nós.

Santa Bárbara, virgem e mártir, rogai por nós.

Santa Bárbara, santa invocada para afastar as tempestades, rogai por nós.

Santa Bárbara, santa invocada para afastar os trovões, rogai por nós.

Santa Bárbara, guerreira da paz e do amor, rogai por nós.

Santa Bárbara, padroeira dos artilheiros, dos mineiros e de todos quantos trabalham com fogo, rogai por nós.

Santa Bárbara, venerada pelos encarcerados, pedreiros e arquitetos, rogai por nós.

Santa Bárbara, protetora nos momentos difíceis, rogai por nós.

Santa Bárbara, protetora das mulheres sofridas, escravizadas, maltratadas, rogai por nós.

Santa Bárbara, santa poderosa, rogai por nós.

Santa Bárbara, consoladora dos desesperados, rogai por nós.

Santa Bárbara, protetora de nossas casas dos males que o tempo pode causar, rogai por nós.

Santa Bárbara, santa invocada contra os perigos da morte violenta e repentina, rogai por nós.

Santa Bárbara, santa da bondade, da justiça, da solidariedade, rogai por nós.

Cordeiro de Deus, que tirais os pecados do mundo, perdoai-nos, Senhor.

Cordeiro de Deus, que tirais os pecados do mundo, atendei-nos, Senhor.

Cordeiro de Deus, que tirais os pecados do mundo, tende piedade de nós, Senhor.

Jesus Cristo, ouvi-nos.

Jesus Cristo, atendei-nos.

Rogai por nós, Santa Bárbara.

Para que sejamos dignos das promessas de Cristo.

CULTURAL

CATEQUÉTICO PASTORAL

TEOLÓGICO ESPIRITUAL

REVISTAS

PRODUTOS SAZONAIS

VOZES NOBILIS

VOZES DE BOLSO

CADASTRE-SE
www.vozes.com.br

EDITORA VOZES LTDA.
Rua Frei Luís, 100 – Centro – Cep 25689-900 – Petrópolis, RJ
Tel.: (24) 2233-9000 – Fax: (24) 2231-4676 – E-mail: vendas@vozes.com.br

UNIDADES NO BRASIL: Belo Horizonte, MG – Brasília, DF – Campinas, SP – Cuiabá, MT
Curitiba, PR – Fortaleza, CE – Goiânia, GO – Juiz de Fora, MG
Manaus, AM – Petrópolis, RJ – Porto Alegre, RS – Recife, PE – Rio de Janeiro, RJ
Salvador, BA – São Paulo, SP